PLANETA ANIMAL

EL RINOCERONTE

POR VALERIE BODDEN

CREATIVE EDUCATION • CREATIVE PAPERBACKS

Publicado por Creative Education
y Creative Paperbacks
P.O. Box 227, Mankato, Minnesota 56002
Creative Education y Creative Paperbacks son marcas
editoriales de The Creative Company
www.thecreativecompany.us

Diseño de The Design Lab
Producción de Chelsey Luther and Rachel Klimpel
Editado de Alissa Thielges
Dirección de arte de Rita Marshall
Traducción de TRAVOD, www.travod.com

Fotografías de Alamy (Ann and Steve Toon), Dreamstime
(Henri Faure, Jeremy Richards, Odelia Cohen), Getty (Joel
Sartore, Nicholas Parfitt), iStock (Iurii Garmash, Pauline
S Mills, Peter Malsbury), John Lemker/Animals Animals,
Shutterstock (EcoPrint, Johan Swanepoel, Susan Schmitz,
Udo Kieslich, Volodymyr Burdiak)

Library of Congress Cataloging-in-Publication Data
Names: Bodden, Valerie, author.
Title: El rinoceronte / by Valerie Bodden.
Other titles: Rhinoceroses. Spanish
Description: Mankato, Minnesota: Creative Education and
Creative Paperbacks, [2023] | Series: Planeta animal |
Includes index. | Audience: Ages 6–9 | Audience: Grades
2–3
Identifiers: LCCN 2021061052 (print) | LCCN
2021061053 (ebook) | ISBN 9781640266797 (library
binding) | ISBN 9781682772355 (paperback) | ISBN
9781640008205 (ebook)
Subjects: LCSH: Rhinoceroses—Juvenile literature.
Classification: LCC QL737.U63 B63418 2023 | DDC
599.66/8–dc23/eng/20211222
LC record available at https://lccn.loc.gov/2021061052
LC ebook record available at https://lccn.loc.
gov/2021061053

Tabla de contenidos

Los elefantes viven en algunas de las mismas partes de África que los rinocerontes.

El rinoceronte es el segundo **mamífero** terrestre más grande del mundo. Solo el elefante es más grande que él. Hay cinco tipos de rinoceronte en el mundo. La gente les dice «rinos» para abreviar.

mamíferos animales que tienen pelo o pelaje y alimentan a sus bebés con leche

Todos los rinocerontes tienen

uno o dos cuernos sobre su nariz. Los

rinocerontes tienen una piel gruesa de

color gris o café y piernas cortas. Tienen

ojos pequeños y no pueden ver bien.

La palabra "rinoceronte"
significa "cuerno de la nariz".

Los rinocerontes pueden medir entre 4,5 y 6,5 pies (1,4-2 m) de altura. Pueden pesar entre 1.700 y 7.000 libras (771–3.175 kg). A pesar de ser tan grandes, ¡los rinocerontes pueden correr a una velocidad de 34 millas (55 km) por hora o incluso más! Pero no llegan lejos.

Cuando un rinoceronte se siente amenazado, puede embestir o salir corriendo.

Los dos tipos de rinoceronte africano tienen dos cuernos.

Los rinocerontes viven en los **continentes** de África y Asia. La mayoría vive en praderas planas y calurosas llamadas sabanas. Otros viven en bosques o **selvas tropicales**. Algunos rinocerontes viven en las faldas de las **montañas**.

continentes las siete grandes extensiones de tierra del planeta

montañas cerros muy grandes hechos de roca

selvas tropicales bosques con muchos árboles y mucha lluvia

Todos los rinocerontes comen plantas. Algunos comen pastos cortos. Otros se alimentan de arbustos y árboles pequeños. ¡Los rinocerontes pueden comer 90 libras (41 kg) de comida al día!

Los dientes del rinoceronte son buenos para masticar hojas.

Las hembras tienen una sola cría a la vez. ¡La cría pesa, al nacer, entre 55 y 100 libras (25-45 kg)! La madre rinoceronta protege a su cría de los leones, tigres, hienas y cocodrilos. Las crías se quedan con sus madres de tres a cinco años. Los rinocerontes salvajes pueden vivir entre 25 y 40 años.

La cría del rinoceronte puede ponerse de pie una hora después de nacer.

La mayoría de los rinocerontes viven solos. Comúnmente, los rinocerontes se alimentan en la madrugada y al anochecer. Los rinocerontes que viven en África a veces tienen que caminar durante días para encontrar agua para beber.

Los rinocerontes buscan agua en abrevaderos y ríos.

Los picabueyes ayudan a los rinocerontes y a otros animales grandes a librarse de las plagas.

A los rinocerontes les gusta revolcarse, o restregarse, en charcos de lodo. El lodo enfría su piel. Además, los protege de los tábanos. Las aves llamadas picabueyes se comen los **parásitos** de la espalda del rinoceronte.

parásitos animales que viven encima o dentro de otros animales y se alimentan de ellos

Los rinocerontes macho a veces pelean entre sí por las hembras.

Los rinocerontes están **en peligro de extinción**. Quedan pocos rinocerontes en el mundo. A muchos los matan por sus cuernos. Pero hay gente que trata de protegerlos. Los zoológicos también ayudan. La gente visita los zoológicos para aprender sobre los rinocerontes. ¡Puede ser divertido ver estos animalotes revolcarse!

en peligro de extinción planta o animal que es muy raro y podría acabarse por completo

Un cuento del rinoceronte

En África, la gente tiene un cuento sobre cómo los rinocerontes adquirieron su piel dispareja y rugosa. Dicen que, hace mucho tiempo, un elefante y un rinoceronte empezaron a pelear. La piel del rinoceronte tuvo muchas cortadas. Él usó una púa de puercoespín para coser su piel. Cuando terminó, el rinoceronte tenía cicatrices grandes y desiguales a los lados. ¡Desde entonces, todos los rinocerontes tienen piel dispareja!

Índice